들어가는 글 ✏️

　좋아하는 것을 보고 그냥 지나치지 못할 때 우스갯 소리로 '참새가 방앗간을 그저 지나치랴'라는 속담을 씁니다. 어른들도 어린이들도 편의점을 그냥 지나치지 않고 자주 들리곤 하지요.

　꼭 필요한 물건이 없어도 행사 2+1이 있나 보기도 하고, 더운 여름날 잠시 시원함을 느끼고 싶을 때 편의점 문을 열고 들어가 물건을 살펴보고 빈손으로 그냥 나와도 괜찮은 동네 가게입니다. 편의점 직원과는 친한 이웃이 되기도 하지요.

　이렇게 맛있는 음식과 생필품이 가득한 편의점에서 하루에 하나씩 즐겁게 배우고 익힐 수 있는 속담 이야기를 만화로 담았습니다.

　만화로 속담도 배우고, 반듯한 글씨체로 몇 번씩 따라 써 보며 글씨 쓰기 연습도 합니다.

　그리고 이 책의 키포인트! 바로 표현력 향상을 위한 글쓰기 연습 코너입니다. 이 코너는 정답이 없습니다. 그냥 마음 가는 대로 단답형으로 적어도 좋고, 기분에 따라서 오늘 일기를 쓰듯 서너 줄 하고픈 대로 써 보세요.

　다양한 나의 감정을 표현하는 중요한 시간이 될 것입니다.

'속편한 편의점의 속담 이야기' 그 시작은 …

　지구에서 500광년 떨어진 호이호이별에서는 새로운 지식을 찾아 알려 주는 방송이 있습니다. 그런데 지구별의 대한민국에서 오래 전부터 내려오는 속담이 굉장히 유용한 고급 지식임을 깨닫고 취재 기자 뚜요요와 또또유를 지구에 파견합니다.

　지구에 도착한 취재 기자 뚜요요와 또또유는 속편한 편의점에서 아르바이트를 하고 있는 하늘이를 운명처럼 만나 속담 취재를 무난히 시작하게 됩니다.

　속편한 편의점 바로 앞 초등학교에 다니는 초등학생 별, 철형, 성훈, 선영, 설이의 다채로운 생활 이야기가 전개됩니다.

　이제부터 속편한 편의점에서 일어나는 생활 속에서 재미있는 속담을 같이 취재해 볼까요?

목차

들어가는 글 ··· 2
이 책을 보는 법 ··· 7
등장인물 소개 ··· 8

01 가는 말이 고와야 오는 말이 곱다 ··· 12
02 가랑비에 옷 젖는 줄 모른다 ··· 14
03 간에 붙었다 쓸개에 붙었다 한다 ··· 16
04 개구리 올챙이 적 생각 못 한다 ··· 18
05 고래 싸움에 새우 등 터진다 ··· 20
06 고생 끝에 낙이 온다 ··· 22
07 고양이 목에 방울 달기 ··· 24
08 공든 탑이 무너지랴 ··· 26
09 굼벵이도 구르는 재주가 있다 ··· 28
10 귀에 걸면 귀걸이 코에 걸면 코걸이 ··· 30

 ··· 32

11 금강산도 식후경 ··· 34
12 까마귀 날자 배 떨어진다 ··· 36

13 꿩 먹고 알 먹기 … 38

14 남의 잔치에 감 놓아라 배 놓아라 한다 … 40

15 낮말은 새가 듣고 밤말은 쥐가 듣는다 … 42

16 도둑이 제 발 저리다 … 44

17 등잔 밑이 어둡다 … 46

18 땅 짚고 헤엄치기 … 48

19 말이 씨가 된다 … 50

20 못 먹는 감 찔러나 본다 … 52

쉬어가는 **속담** 테스트 … 54

21 믿는 도끼에 발등 찍힌다 … 56

22 바늘로 찔러도 피 한 방울 안 난다 … 58

23 백지장도 맞들면 낫다 … 60

24 불난 집에 부채질한다 … 62

25 서당 개 삼 년이면 풍월을 읊는다 … 64

26 소 잃고 외양간 고친다 … 66

27 소귀에 경 읽기 … 68

28 싼 것이 비지떡 … 70

29 아니 땐 굴뚝에 연기 날까 ⋯ 72

30 어물전 망신은 꼴뚜기가 시킨다 ⋯ 74

 ⋯ 76

31 우물 안 개구리 ⋯ 78

32 울며 겨자 먹기 ⋯ 80

33 입이 열 개라도 할 말이 없다 ⋯ 82

34 자라 보고 놀란 가슴 솥뚜껑 보고 놀란다 ⋯ 84

35 작은 고추가 맵다 ⋯ 86

36 쥐구멍에도 볕 들 날 있다 ⋯ 88

37 지렁이도 밟으면 꿈틀한다 ⋯ 90

38 티끌 모아 태산 ⋯ 92

39 하늘이 무너져도 솟아날 구멍이 있다 ⋯ 94

40 호랑이에게 물려 가도 정신만 차리면 산다 ⋯ 96

 ⋯ 98

 쉬어가는 속담 테스트 **정답** ⋯ 100

이 책을 보는 법

총 **40**편의 속담 이야기가 **만화**로 펼쳐집니다.

반듯한 글씨체로 몇 번씩 **따라 쓰기**

속담의 **뜻** 알기

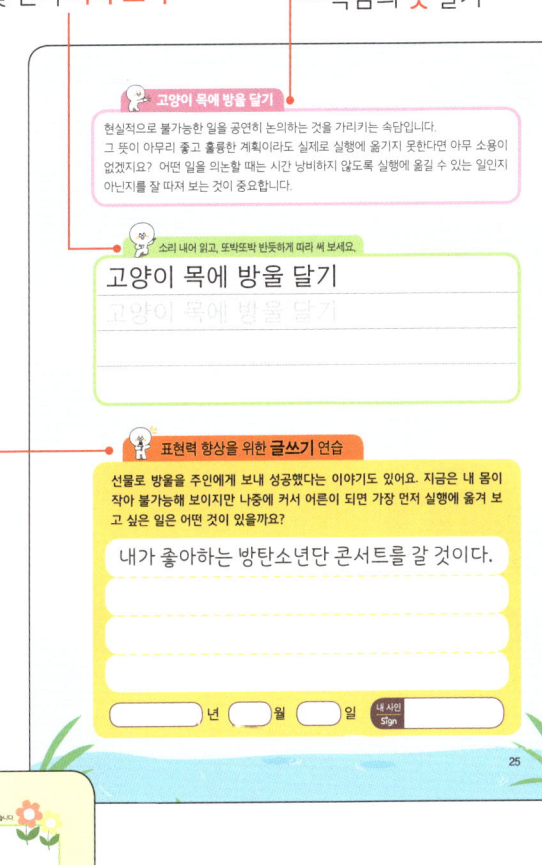

글쓰기 연습 코너는 정답이 없습니다. 질문을 읽고 내가 경험한 일을 쓰거나 또는 상상해서 이야기를 써 보세요. 단답형도 괜찮아요. 내 마음속의 감정을 표현하는 훈련입니다. 짧은 단어도 괜찮고 일기 쓰듯 서너 줄 이야기를 들려줘도 좋습니다.

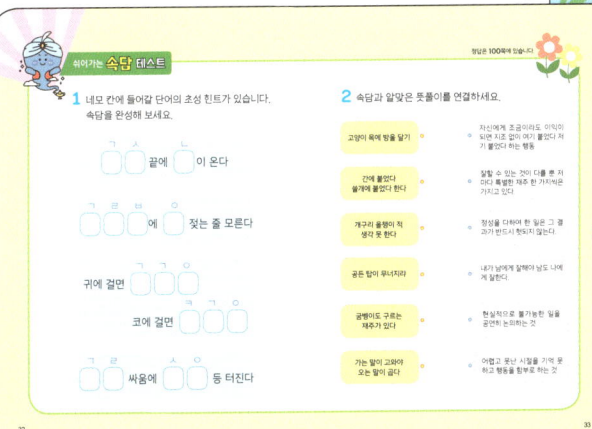

속담을 복습해 보는 시간입니다.

등장인물 소개

이름: 하늘
직업: 대학생(휴학 중)
　　　편의점 아르바이트

외계인 1: 뚜요요　　외계인 2: 또또유
직업: 기자, 호이호이별에서 지구별 한국의 속담을
　　　취재하러 출장 옴

별(초등학생)

철형(초등학생)

성훈(초등학생)

선영(초등학생)

설(초등학생)

설이 엄마

냥(길고양이)

가는 말이 고와야 오는 말이 곱다

가는 말이 고와야 오는 말이 곱다

내가 남에게 잘해야 남도 나에게 잘한다는 뜻입니다. 내가 먼저 예의를 지켜 행동하면 상대편도 나에게 친절을 베풉니다. 우리 생활 속 친구 관계, 가족 관계 등에서 항상 적용되는 속담입니다. 비슷한 속담으로는 **'가는 정이 있어야 오는 정도 있다'**가 있습니다.

 소리 내어 읽고, 또박또박 반듯하게 따라 써 보세요.

가는 말이 고와야 오는 말이 곱다
가는 말이 고와야 오는 말이 곱다

 표현력 향상을 위한 글쓰기 연습

내가 상대편에게 '친절한 말을 들었을 때'의 기분과 '쌀쌀하고 버릇없는 말을 들었을 때'의 기분이 어떻게 달랐는지 써 보세요.

☐ 년 ☐ 월 ☐ 일   내 사인 Sign ☐

02 가랑비에 옷 젖는 줄 모른다

 **가랑비에 옷 젖는 줄 모른다**

가늘게 내리는 비는 조금씩 젖어 들기 때문에 옷이 젖는 줄을 잘 알지 못합니다. 아무리 사소한 것이라도 그것이 거듭되면 무시하지 못할 정도로 크게 됨을 비유적으로 이르는 말이지요. 부모님께서 주신 용돈을 가볍게 여기고 쓰는 것이 습관이 되면 나중에 큰 돈도 가볍게 쓰는 사람이 됩니다.

 소리 내어 읽고, 또박또박 반듯하게 따라 써 보세요.

가랑비에 옷 젖는 줄 모른다

 표현력 향상을 위한 **글쓰기** 연습

부모님께서 주시는 용돈을 습관처럼 가볍게 쓴 적이 있나요?
경험이 있다면 어떤 일이있는지 써 보고, 경험이 없다면 잘못된 작은 습관이 어떤 결과를 낳을지 상상해 적어 주세요.

년   월   일   내 사인 Sign

03 간에 붙었다 쓸개에 붙었다 한다

간에 붙었다 쓸개에 붙었다 한다

자신에게 조금이라도 이익이 되면 지조(꿋꿋한 의지) 없이 여기 붙었다 저기 붙었다 하는 행동을 비유적으로 이르는 말입니다. 상황의 변화에 따라 이익이 되는 쪽으로 움직이는 교활한(간사하고 꾀가 많은) 사람을 일컫는 속담이에요.

소리 내어 읽고, 또박또박 반듯하게 따라 써 보세요.

간에 붙었다 쓸개에 붙었다 한다
간에 붙었다 쓸개에 붙었다 한다

표현력 향상을 위한 **글쓰기** 연습

나는 더 많은 이득을 보려고 이랬다 저랬다 한 적이 있나요?
경험이 있다면 그 이야기를 적어 보고, 경험이 없다면 내가 이랬다 저랬다 할 때 상대 친구가 어떤 마음일지 한번 생각해 볼까요?

◯ 년 ◯ 월 ◯ 일   내 사인 Sign

04 개구리 올챙이 적 생각 못 한다

개구리 올챙이 적 생각 못 한다

지난 일은 생각지 못하고 처음부터 그랬던 것처럼 잘난 체한다는 뜻을 갖고 있습니다. 어렵고 못난 시절을 기억 못 하고 행동을 함부로 할 때 쓰는데요. 자신을 돌아보고 겸손하게 행동하라는 속담입니다.

 소리 내어 읽고, 또박또박 반듯하게 따라 써 보세요.

개구리 올챙이 적 생각 못 한다

 표현력 향상을 위한 **글쓰기** 연습

나도 '개구리 올챙이 적 생각 못 한다'는 속담처럼 잘난 체하며 뽐낸 적이 있나요? 친구가 잘난 척할 때 나의 기분은 어떨까요?

년 월 일 내 사인 Sign

05 고래 싸움에 새우 등 터진다

※ 반대의 말: **어부리지**(漁夫之利)

고래 싸움에 새우 등 터진다

강한 사람들이 다투는 곳에서 약한 사람이 할 일 없이 그 사이에 끼어서 괜한 피해를 입는다는 속담입니다. 이처럼 괜한 피해를 입는 경우도 있지만, 이와 반대로 엉뚱한 사람이 애쓰지 않고 이익을 가로채는 경우를 사자성어로 **어부지리(漁夫之利)**라고 합니다.

 소리 내어 읽고, 또박또박 반듯하게 따라 써 보세요.

고래 싸움에 새우 등 터진다

 표현력 향상을 위한 **글쓰기** 연습

다른 사람들의 싸움에 내가 피해를 보게 된다면 정말 짜증이 날 텐데요. 이렇게 짜증이 날 때 스스로 마음을 푸는 방법이 있다면 어떤 것이 있을까요? 맛있는 간식을 먹는 것도 좋고, 노래 부르는 방법도 좋고 생각나는 대로 써 보세요.

년 월 일   내 사인 Sign

06 고생 끝에 낙이 온다

고생 끝에 낙이 온다

어려운 일을 겪고 난 뒤에는 반드시 좋은 일이 생긴다는 뜻으로 열심히 살아가는 사람들에게 희망을 주는 말입니다. '고생 끝에 낙이 온다'는 뜻과 같은 사자성어로 **고진감래(苦盡甘來)**가 있습니다. 쓴 것이 다하면 단 것이 온다는 뜻입니다.

소리 내어 읽고, 또박또박 반듯하게 따라 써 보세요.

고생 끝에 낙이 온다

표현력 향상을 위한 **글쓰기** 연습

산 정상까지 오르려면 오롯이 나의 체력으로 힘든 여정을 넘어서야 합니다.
산 정상에 오르면 내 눈앞에 어떤 모습이 펼쳐져 있을까요?

07 고양이 목에 방울 달기

고양이 목에 방울 달기

현실적으로 불가능한 일을 공연히 논의하는 것을 가리키는 속담입니다.
그 뜻이 아무리 좋고 훌륭한 계획이라도 실제로 실행에 옮기지 못한다면 아무 소용이 없겠지요? 어떤 일을 의논할 때는 시간 낭비하지 않도록 실행에 옮길 수 있는 일인지 아닌지를 잘 따져 보는 것이 중요합니다.

소리 내어 읽고, 또박또박 반듯하게 따라 써 보세요.

고양이 목에 방울 달기

고양이 목에 방울 달기

표현력 향상을 위한 **글쓰기** 연습

선물로 방울을 주인에게 보내 성공했다는 이야기도 있어요. 지금은 내 몸이 작아 불가능해 보이지만 나중에 커서 어른이 되면 가장 먼저 실행에 옮겨 보고 싶은 일은 어떤 것이 있을까요?

년   월   일   내 사인 Sign

08 공든 탑이 무너지랴

공든 탑이 무너지랴

공들여 쌓은 탑은 무너질 리 없다는 뜻입니다. 정성을 다하여 한 일은 그 결과가 반드시 헛되지 않는다는 속담입니다. 최선을 다했다면 걱정하지 마세요.

소리 내어 읽고, 또박또박 반듯하게 따라 써 보세요.

공든 탑이 무너지랴

표현력 향상을 위한 **글쓰기** 연습

열심히 공부하고 시험을 봤더니 성적이 좋았던 적이 있지요? 이렇듯 무언가를 열심히 했더니 결과가 좋았던 경험을 써 보세요.

년   월   일   내 사인 Sign

 굼벵이도 구르는 재주가 있다

굼벵이도 구르는 재주가 있다

굼벵이는 몸통이 짧고 통통한 벌레입니다. 행동이 늦은 사람을 지칭하지요.
공부나 운동을 못한다고 친구를 얕보지 마세요. 잘할 수 있는 것이 다를 뿐 저마다 특별한 재주 한 가지씩은 가지고 있어요.

소리 내어 읽고, 또박또박 반듯하게 따라 써 보세요.

굼벵이도 구르는 재주가 있다
굼벵이도 구르는 재주가 있다

표현력 향상을 위한 **글쓰기** 연습

스스로 생각해 볼 때 나는 어떤 것을 제일 잘하나요?

　년　　월　　일　　내 사인 Sign

# 10 귀에 걸면 귀걸이 코에 걸면 코걸이

귀에 걸면 귀걸이 코에 걸면 코걸이

정해 놓은 것 없이 둘러대기에 따라 이렇게도 되고 저렇게도 된다는 말로 정당한 근거 없이 자기에게 이롭게 이유를 붙이는 경우에 쓰는 속담입니다. 어떤 것은 보기에 따라 이렇게도 될 수 있고 저렇게도 될 수 있음을 빗대어 이르기도 해요.

 소리 내어 읽고, 또박또박 반듯하게 따라 써 보세요.

귀에 걸면 귀걸이 코에 걸면 코걸이

귀에 걸면 귀걸이 코에 걸면 코걸이

 표현력 향상을 위한 **글쓰기** 연습

일회용 음료수 컵의 바닥에 구멍을 뚫고 양파망 조각으로 구멍을 닫습니다. 그리고 흙을 컵에 가득 채워 컵 화분을 만들었습니다.
어떤 씨앗을 심을까요? 그리고 매일 어떤 말을 해 주면 새싹이 나올까요?

쉬어가는 속담 테스트

1 네모 칸에 들어갈 단어의 초성 힌트가 있습니다. 속담을 완성해 보세요.

ㄱ ㅅ　　　ㄴ
◯◯ 끝에 ◯이 온다

ㄱ ㄹ ㅂ　ㅇ
◯◯◯에 ◯ 젖는 줄 모른다

　　　　ㄱ ㄱ ㅇ
귀에 걸면 ◯◯◯

　　　　ㅋ ㄱ ㅇ
코에 걸면 ◯◯◯

ㄱ ㄹ　　　ㅅ ㅇ
◯◯ 싸움에 ◯◯ 등 터진다

정답은 **100**쪽에 있습니다.

2 속담과 알맞은 뜻풀이를 연결하세요.

| 고양이 목에 방울 달기 | ○——○ | 자신에게 조금이라도 이익이 되면 지조 없이 여기 붙었다 저기 붙었다 하는 행동 |

| 간에 붙었다 쓸개에 붙었다 한다 | ○——○ | 잘할 수 있는 것이 다를 뿐 저마다 특별한 재주 한 가지씩은 가지고 있다. |

| 개구리 올챙이 적 생각 못 한다 | ○——○ | 정성을 다하여 한 일은 그 결과가 반드시 헛되지 않는다. |

| 공든 탑이 무너지랴 | ○——○ | 내가 남에게 잘해야 남도 나에게 잘한다. |

| 굼벵이도 구르는 재주가 있다 | ○——○ | 현실적으로 불가능한 일을 공연히 논의하는 것 |

| 가는 말이 고와야 오는 말이 곱다 | ○——○ | 어렵고 못난 시절을 기억 못 하고 행동을 함부로 하는 것 |

11 금강산도 식후경

금강산도 식후경

아무리 신나는 일이라도 배가 불러야 즐겁지 배가 고픈 상태에서는 아무 일도 할 수 없습니다. '금강산도 식후경'은 아름다운 금강산의 풍경도 밥을 먹은 후에 구경해야 경치를 제대로 볼 수 있다는 속담입니다.

소리 내어 읽고, 또박또박 반듯하게 따라 써 보세요.

금강산도 식후경   금강산도 식후경

표현력 향상을 위한 **글쓰기** 연습

새로운 속담을 만들어 볼까요? 요즘 시대에 맞게 '☐도 식후경'이라고 ☐ 안에 넣고 싶은 단어로 새로운 속담을 만들어 주세요.

____년 ____월 ____일   내 사인 Sign ____

12 까마귀 날자 배 떨어진다

 **까마귀 날자 배 떨어진다**

어떤 일을 할 때 공교롭게도 그 때가 같아 어떤 관계가 있는 것처럼 의심을 받게 될 때 쓰는 속담입니다. 우연히 동시에 일어난 일로 오해를 받게 되는 경우를 뜻하는 사자성어로 **오비이락(烏飛梨落)**이 있습니다.

 소리 내어 읽고, 또박또박 반듯하게 따라 써 보세요.

까마귀 날자 배 떨어진다

까마귀 날자 배 떨어진다

 표현력 향상을 위한 **글쓰기** 연습

휴대폰 보고 있을 때 혹은 컴퓨터 앞에 앉아 있을 때 부모님께서 그 모습을 보고 오해하신 적이 있나요? 어떤 일이었을까요?

년   월   일   내 사인 Sign

13 꿩 먹고 알 먹기

※ 참새가 방앗간을 그저 지나랴 : 자기가 좋아하는 곳은 그대로 지나치지 못함을 빗대어 이르는 말.

꿩 먹고 알 먹기

한 가지 일을 하여 두 가지 이득을 얻는다는 속담입니다. 같은 뜻의 사자성어 **일석이조(一石二鳥)**는 한 개의 돌로 두 마리의 새를 잡는다는 뜻입니다.

 소리 내어 읽고, 또박또박 반듯하게 따라 써 보세요.

꿩 먹고 알 먹기

꿩 먹고 알 먹기

표현력 향상을 위한 **글쓰기** 연습

일상생활에서 '꿩 먹고 알 먹기'의 속담처럼 두 가지 이득을 얻는 일들이 일어나고 있어요. 운동을 하면 몸도 마음도 건강해지고, 책을 읽으면 지식과 재미를 얻게 됩니다. 아무것도 하지 않으면 일어날 수 없는 일들이지요.
오늘 내가 도전하고 싶은 일을 써 볼까요?

( ) 년 ( ) 월 ( ) 일   내 사인 Sign ( )

14 남의 잔치에 감 놓아라 배 놓아라 한다

남의 잔치에 감 놓아라 배 놓아라 한다

자기와 상관없는 일에 이러쿵저러쿵하며 말을 걸고 간섭하고 참견할 때 '**남의 잔치에 감 놓아라 배 놓아라 한다**'고 합니다. 반대로 이 말이 딱 맞는 사람에게 부산 떨지 말고 가만히 있다가 이익이나 얻으라는 뜻으로 '**굿이나 보고 떡이나 먹지**'라는 속담을 쓸 수 있어요.

 소리 내어 읽고, 또박또박 반듯하게 따라 써 보세요.

남의 잔치에 감 놓아라 배 놓아라 한다

남의 잔치에 감 놓아라 배 놓아라 한다

 표현력 향상을 위한 **글쓰기** 연습

요즘은 집집마다 반려동물을 많이 키우고 있습니다. 반려동물과 함께 생활하다 보면 재미있는 일들이 많이 일어납니다. 내가 숙제를 하거나 무언가에 열중하면 꼭 반려동물이 다가와 냄새를 맡고 방해하듯 간섭하고 참견하는 행동을 합니다. 이때 반려동물에게 해 주고 싶은 한마디를 적어 주세요.

( ) 년 ( ) 월 ( ) 일   내 사인 Sign

15 낮말은 새가 듣고 밤말은 쥐가 듣는다

낮말은 새가 듣고 밤말은 쥐가 듣는다

아무리 비밀스러운 말도 남의 귀에 들어가기는 쉬운 일입니다. 입 밖으로 나간 말은 다시 주워 담을 수 없지요. 속담처럼 소문이 퍼지면 곤란을 겪을 수 있으니 다른 사람의 험담은 되도록 하지 않는 것이 좋습니다.

 소리 내어 읽고, 또박또박 반듯하게 따라 써 보세요.

낮말은 새가 듣고 밤말은 쥐가 듣는다

 표현력 향상을 위한 **글쓰기** 연습

내가 알고 있는 가족의 비밀 어떤 것이 있을까요?
가족의 별명, 가족의 어릴 적 이야기 등 생각나는 대로 써 보세요.

年　　月　　일　　내 사인 Sign

도둑이 제 발 저리다

도둑이 제 발 저리다

잘못한 것이 있으면 누가 뭐라고 하지 않았는데도 마음이 조마조마하게 됩니다. 이럴 때 '**도둑이 제 발 저리다**'라고 말을 하지요. 잘못을 저지르면 불안한 마음이 겉으로 드러나거든요.

 소리 내어 읽고, 또박또박 반듯하게 따라 써 보세요.

도둑이 제 발 저리다

도둑이 제 발 저리다

표현력 향상을 위한 **글쓰기** 연습

사람의 마음 상태는 얼굴에 그대로 표현되기 마련입니다.
아래 얼굴 표정 그림을 보고 어떤 마음 상태인지, 어떤 일이 있었을지 추측해 이야기를 만들어 보세요.

년   월   일   내 사인 Sign

17 등잔 밑이 어둡다

 **등잔 밑이 어둡다**

가까운 곳에서 생긴 일을 잘 모를 때, 또 코앞에 있는 물건을 못 찾을 때 이를 지적하는 속담입니다. 특히 가까이 둔 물건을 잃어버렸을 때 꼭 듣는 말이지요.

 소리 내어 읽고, 또박또박 반듯하게 따라 써 보세요.

등잔 밑이 어둡다 　 등잔 밑이 어둡다

 표현력 향상을 위한 **글쓰기** 연습

중요한 물건을 잘 챙겨놓는다고 어딘가에 두었는데, 아무래도 기억나지 않습니다. 이럴 때 제일 먼저 생각하면 좋은 장소는?

년　　월　　일　　내 사인 Sign

 **땅 짚고 헤엄치기**

물에 빠질 일이 없이 땅 짚고 헤엄을 치는 것은 쉽고 안전합니다. 이렇듯 너무나 쉬운 일을 뜻할 때 쓰는 말입니다. 비슷한 속담으로 **'누워서 떡 먹기'**가 있어요.

소리 내어 읽고, 또박또박 반듯하게 따라 써 보세요.

땅 짚고 헤엄치기

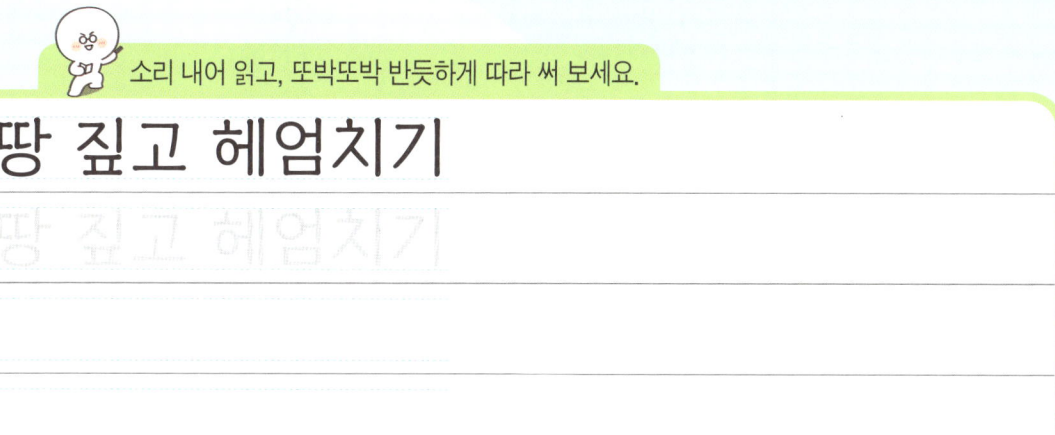

표현력 향상을 위한 글쓰기 연습

내가 가장 쉽고 즐겁게 할 수 있는 일은 무엇이 있나요?
3가지를 생각해 써 보세요.

년   월   일   내 사인 Sign

49

19 말이 씨가 된다

 **말이 씨가 된다**

언제나 하던 말이 마침내 사실대로 이루어졌을 때 쓰는 속담입니다. '나는 행복해.', '너는 잘 될 거야.' 등의 긍정적인 말을 하면 그 말이 씨앗이 되어 정말로 행복해집니다. 이처럼 행복의 씨앗이 되도록 '행복해', '잘했어', '고마워', '좋아한다', '사랑한다', '응원해', '기대해' 등 긍정 단어를 자주 사용해 보세요.

 소리 내어 읽고, 또박또박 반듯하게 따라 써 보세요.

말이 씨가 된다

말이 씨가 된다

 표현력 향상을 위한 **글쓰기** 연습

**나에게 칭찬과 응원을 해 주고 싶습니다.
어떤 말을 해 주고 싶나요?**

년   월   일   내 사인 Sign

20 못 먹는 감 찔러나 본다

못 먹는 감 찔러나 본다

속담에서 '못 먹는 감'은 먹고 싶어도 내 것이 아니라 먹을 수 없는 감을 말해요. 먹을 수 없으니까 나쁜 마음이 생겨 감을 콕콕 찔러 다른 사람도 못 먹게 만든다는 뜻입니다. 자기가 차지하지 못할 바에는 차라리 심술을 부려 못 쓰게 만든다는 뜻입니다.

 소리 내어 읽고, 또박또박 반듯하게 따라 써 보세요.

못 먹는 감 찔러나 본다

 표현력 향상을 위한 **글쓰기** 연습

'못 먹는 감 찔러나 본다'고 상대편이 갖고 있는 물건이 좋아 보여 괜히 심통이 나기도 합니다.
심통이 났을 때 내 마음을 달래 줄 한마디는?
(예: 별거 아니네.)

년　　월　　일　　내 사인 Sign

쉬어가는 속담 테스트

1 네모 칸에 들어갈 단어의 초성 힌트가 있습니다. 속담을 완성해 보세요.

ㄴ ㅅ ㅂ ㅈ
◯말은 ◯가 듣고 ◯말은 ◯가 듣는다

ㄷ ㅈ
◯◯ 밑이 어둡다

ㄱ ㄱ ㅅ
◯◯◯도 식후경

ㄲ ㅇ
◯ 먹고 ◯ 먹기

정답은 **100**쪽에 있습니다.

2 속담과 알맞은 뜻풀이를 연결하세요.

남의 잔치에
감 놓아라 배 놓아라 한다 ○   ○ 너무나 쉬운 일

도둑이 제 발 저리다 ○   ○ 잘못한 것이 있으면 누가 뭐라고 하지 않았는데도 마음이 조마조마하게 된다.

말이 씨가 된다 ○   ○ 자기와 상관없는 일에 이러쿵저러쿵하며 말을 걸며 간섭하고 참견하는 것

땅 짚고 헤엄치기 ○   ○ 자기가 차지하지 못할 바에는 차라리 심술을 부려 못 쓰게 만든다는 뜻

못 먹는 감 찔러나 본다 ○   ○ 언제나 하던 말이 마침내 사실대로 이루어졌을 때

까마귀 날자 배 떨어진다 ○   ○ 어떤 일을 할 때 공교롭게도 그 때가 같아 어떤 관계가 있는 것처럼 의심을 받게 될 때

21 믿는 도끼에 발등 찍힌다

믿는 도끼에 발등 찍힌다

찰떡같이 믿고 있던 사람에게 어처구니없이 배신을 당하거나, 꼭 이루어질 거라고 찰떡같이 믿은 일을 그르치게 되었을 때 **'믿는 도끼에 발등 찍힌다'**라고 합니다.
잘 처리될 것이라고 믿은 일이 어긋나거나 믿던 사람이 나를 배신할 때 비유적으로 씁니다.

 소리 내어 읽고, 또박또박 반듯하게 따라 써 보세요.

믿는 도끼에 발등 찍힌다

 표현력 향상을 위한 **글쓰기** 연습

'찰떡같이'라는 말은 '정(情)·믿음·관계 따위가 매우 긴밀하고 확실하게'라는 뜻을 갖고 있어요. 내가 어떤 일이 꼭 생길 거라 찰떡같이 믿고 있는 일을 써 보세요.
(예: 내 생일에는 내가 엄청 좋아하는 초코케이크를 먹게 될 거에요.)

년   월   일   내 사인 Sign

57

22 바늘로 찔러도 피 한 방울 안 난다

바늘로 찔러도 피 한 방울 안 난다

사람의 성격이 빈틈이 없거나 융통성이 없을 때도 쓰고, 매우 단단하고 야무지게 생긴 외모를 가진 사람에게 또는 지독한 구두쇠에게 비유해 쓰는 범위가 넓은 속담입니다.

 소리 내어 읽고, 또박또박 반듯하게 따라 써 보세요.

바늘로 찔러도 피 한 방울 안 난다

 표현력 향상을 위한 **글쓰기** 연습

우리 주변에는 융통성 없이 냉혹하고 야무지게 처리하면 할수록 좋은 일들이 있습니다. 어떤 것이 있을지 생각해 볼까요?

( ) 년 ( ) 월 ( ) 일   내 사인 Sign

백지장도 맞들면 낫다

 **백지장도 맞들면 낫다**

'백지장'은 흰 종이 한 장을 말하고, '맞들다'는 마주 든다는 뜻입니다. **'백지장도 맞들면 낫다'**는 아무리 쉬운 일이라도 서로 힘을 합하면 훨씬 쉽다는 뜻입니다. 비슷한 뜻의 사자성어로 밥 열 술이 한 그릇이 된다는 **십시일반(十匙一飯)**이 있습니다.

 소리 내어 읽고, 또박또박 반듯하게 따라 써 보세요.

백지장도 맞들면 낫다
백지장도 맞들면 낫다

 표현력 향상을 위한 **글쓰기** 연습

부모님을 도와 드리면 "우리 아들/딸이 도우니 엄청 수월하구나!"라는 말씀을 하시곤 하죠. 나는 어떤 일을 도와 드리나요?
(예: 집 청소나 저녁 차림할 때)

년   월   일   내 사인 Sign

24 불난 집에 부채질한다

불난 집에 부채질한다

불난 곳에 부채질을 하면 산소가 공급되어 불이 더 잘 탄다고 합니다. 이 속담은 곤란한 사람을 도와주기는커녕 더 곤란하게 만들거나 화난 사람을 더 화나게 만든다는 뜻입니다.

소리 내어 읽고, 또박또박 반듯하게 따라 써 보세요.

불난 집에 부채질한다

불난 집에 부채질한다

표현력 향상을 위한 **글쓰기** 연습

길을 지나가는데 갑자기 쓰레기에 불이 붙었습니다. 누군가 담배꽁초를 쓰레기 위에 버린 것 같아요. 나는 어떻게 하면 좋을까요?

( ) 년 ( ) 월 ( ) 일   내 사인 Sign [   ]

25 서당 개 삼 년이면 풍월을 읊는다

서당 개 삼 년이면 풍월을 읊는다

어떤 분야에 아는 것이 없는 사람이라도 그 분야에 오래 있으면 어느 정도 지식과 경험을 가질 수 있다는 말입니다. **'서당 개 삼 년이면 풍월(風月)을 읊는다'**는 서당에서 매일 글 읽는 소리를 듣다 보면, 개조차도 글 읽는 소리를 낸다는 우스갯소리입니다.

 소리 내어 읽고, 또박또박 반듯하게 따라 써 보세요.

서당 개 삼 년이면 풍월을 읊는다

 표현력 향상을 위한 **글쓰기** 연습

**우리 집 반려동물이 사람 말을 알아듣는다고 가정하겠습니다.
반려동물에게 해 주고 싶은 말은?**

년　월　일　내 사인 Sign

26 소 잃고 외양간 고친다

소 잃고 외양간 고친다

일이 잘못된 뒤에는 손을 써도 소용이 없다는 뜻으로, 자기가 하려는 일이 잘못되었음에도 그 결과를 모른 채 간과하다가는 나중에 후회하게 됩니다. 반대말로 **유비무환(有備無患)**, 즉 미리 준비하고 있으면 근심이 없다는 뜻의 사자성어가 있습니다.

 소리 내어 읽고, 또박또박 반듯하게 따라 써 보세요.

소 잃고 외양간 고친다

소 잃고 외양간 고친다

 표현력 향상을 위한 **글쓰기** 연습

건강은 한번 잃고 나면 되찾기 쉽지 않아요. 내가 생각하는 나만의 건강 비결은 어떤 것이 있을까요? 두 가지 이상 써 보세요.

년　월　일　내 사인 Sign

27 소귀에 경 읽기

*소귀 = 쇠귀

소귀에 경 읽기는 아무리 열심히 가르쳐도 이해하지 못한다는 뜻입니다. 소의 귀에 대고 스님이 불경을 읽어 봐야 알아듣지 못하겠지요. 이처럼 아무리 이야기해도 제대로 알아 듣지 못할 때 이 속담을 씁니다.

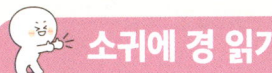 **소귀에 경 읽기**

'**소귀에 경 읽기**', 사자성어로 **우이독경(牛耳讀經)**은 아무리 가르치고 알려 줘도 말귀를 잘 알아듣지 못한다는 말입니다. 비슷한 말로 남의 의견을 조금도 귀담아듣지 않고 흘려 버리는 **마이동풍(馬耳東風)**이 있습니다.

 소리 내어 읽고, 또박또박 반듯하게 따라 써 보세요.

소귀에 경 읽기   소귀에 경 읽기

 표현력 향상을 위한 **글쓰기** 연습

엄마는 휴대폰을 오래 보면 거북목이 되고, 눈이 나빠진다고 자주 잔소리를 하십니다. 이런 잔소리는 평소에 귀담아듣지 않고 흘려버리기 마련입니다. 엄마의 잔소리를 들었을 때 나는 어떤 마음이 드나요?

년   월   일   내 사인

28 싼 것이 비지떡

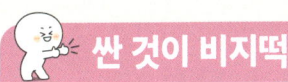 **싼 것이 비지떡**

값싸게 산 물건은 품질이 좋지 않다는 뜻으로, 조선 시대에 주모가 '싸 준 것이 비지떡(비지로 만든 떡)이다.'라는 말이 있습니다. 찹쌀로 만든 떡은 찰지고 쫀득하니 맛이 좋지만, 비지에 밀가루를 섞어 부쳐 낸 비지떡은 퍼석한 것이 맛이 덜했지요. 물건이 싸고 품질이 좋으면 참 좋으련만 값이 싸면 대부분 품질이 떨어지기 마련입니다.

 소리 내어 읽고, 또박또박 반듯하게 따라 써 보세요.

싼 것이 비지떡

싼 것이 비지떡

 표현력 향상을 위한 글쓰기 연습

'싼 것이 비지떡'이라는 속담처럼 싸고 좋아 보여서 샀지만 금방 고장이 나서 버리게 되면 쉽게 쓰레기가 되고 맙니다. 물건을 쓰다가 고장이 나면 나는 어떻게 하면 좋을까요?

　　년　　월　　일　　내 사인 Sign

29 아니 땐 굴뚝에 연기 날까

아니 땐 굴뚝에 연기 날까

굴뚝에서 연기가 나는 것은 아궁이에 불을 때었기 때문입니다. 어떤 결과가 있으면 원인이 반드시 있다는 속담이지요. 어떤 소문이 돌 때, 그런 소문이 있게끔 한 원인이 있을 것이고, 이럴 때 은유해 쓰는 속담입니다.

 소리 내어 읽고, 또박또박 반듯하게 따라 써 보세요.

아니 땐 굴뚝에 연기 날까

아니 땐 굴뚝에 연기 날까

 표현력 향상을 위한 **글쓰기** 연습

우리 동네에 소문난 가게를 소개해 주세요. 어떤 점이 입소문이 나는 원인이 되었나요?

　년　월　일　내 사인 Sign

30 어물전 망신은 꼴뚜기가 시킨다

어물전 망신은 꼴뚜기가 시킨다

어리석은 사람 한 명이 주변의 다른 사람들까지 망신시킨다는 뜻을 가졌습니다. 꼴뚜기는 생김새가 볼품없어서 예로부터 별 볼 일 없고 가치가 낮은 것에 비유했습니다.

 소리 내어 읽고, 또박또박 반듯하게 따라 써 보세요.

어물전 망신은 꼴뚜기가 시킨다

어물전 망신은 꼴뚜기가 시킨다

 표현력 향상을 위한 **글쓰기** 연습

영화관에서 많은 사람들이 조용히 영화를 관람하고 있는데 어느 한 사람이 다리를 떨며 휴대폰을 켜고 무언가 하고 있습니다.
방해하고 있는 그 관람객에게 별명을 지어 준다면?

년 월 일   내 사인 Sign

쉬어가는 속담 테스트

1 네모 칸에 들어갈 단어의 초성 힌트가 있습니다. 속담을 완성해 보세요.

믿는 ㄷㄲ에 ㅂㄷ 찍힌다

ㅂㅈㅈ도 맞들면 낫다

ㅂ난 집에 ㅂㅊㅈ한다

ㅅ 잃고 ㅇㅇㄱ 고친다

정답은 **101**쪽에 있습니다.

2 속담과 알맞은 뜻풀이를 연결하세요.

속담		뜻풀이
서당 개 삼 년이면 풍월을 읊는다	○——○	값싸게 산 물건은 품질이 좋지 않다는 뜻
소귀에 경 읽기	○——○	사람의 성격이 빈틈이 없거나 융통성이 없을 때
싼 것이 비지떡	○——○	한 분야에 오래 있으면 어느 정도 지식과 경험을 가질 수 있다.
아니 땐 굴뚝에 연기 날까	○——○	어떤 결과가 있으면 원인이 반드시 있다.
어물전 망신은 꼴뚜기가 시킨다	○——○	아무리 가르치고 알려 줘도 말귀를 잘 알아듣지 못한다.
바늘로 찔러도 피 한 방울 안 난다	○——○	어리석은 사람 한 명이 주변의 다른 사람들까지 망신시킨다는 뜻

31 우물 안 개구리

우물 안 개구리

우물 안에서만 사는 개구리는 이 세상의 넓이를 우물만큼으로 이해한다는 뜻입니다. 아는 것이 없어서 세상 형편을 잘 모르는 어수룩한 사람이나 견식이 좁아 저만 잘난 줄로 아는 사람을 비유해서 **'우물 안 개구리'**라고 말합니다.

 소리 내어 읽고, 또박또박 반듯하게 따라 써 보세요.

우물 안 개구리   우물 안 개구리

 표현력 향상을 위한 **글쓰기** 연습

나의 신나는 해외여행입니다. 어느 나라로 여행을 떠날 건가요? 그 이유는?

　　년　　월　　일　　내 사인

32 울며 겨자 먹기

80

울며 겨자 먹기

매워 울면서도 겨자를 먹는다는 뜻으로, 싫지만 선택할 여지가 없어 마지못해 하는 행위를 뜻합니다.

 소리 내어 읽고, 또박또박 반듯하게 따라 써 보세요.

울며 겨자 먹기	울며 겨자 먹기
울며 겨자 먹기	울며 겨자 먹기

표현력 향상을 위한 글쓰기 연습

하기 싫지만 좋은 결과를 얻기 위해 열심히 하고 있는 일이 있나요?
어떤 노력을 하고 있는지 생각해 보세요.

◯ 년 ◯ 월 ◯ 일   내 사인 Sign

33 입이 열 개라도 할 말이 없다

입이 열 개라도 할 말이 없다

잘못이 명백히 드러나 변명의 여지가 없음을 이르는 말입니다. 같은 뜻의 사자성어로 **유구무언(有口無言)**이 있습니다. 입은 있으나 할 말이 없다는 뜻으로, 잘못이 분명해 변명하거나 해명할 길이 없다는 사자성어입니다.

 소리 내어 읽고, 또박또박 반듯하게 따라 써 보세요.

입이 열 개라도 할 말이 없다

입이 열 개라도 할 말이 없다

 표현력 향상을 위한 **글쓰기** 연습

내가 알고 있는 속 편하게 말할 수 있는 진실!
어떤 진실을 알고 있나요? 나의 경험도 좋고, 아빠의 비상금 사건도 좋고 기억나는 대로 써 보세요.

　　　년　　　월　　　일　　내 사인 Sign

34 자라 보고 놀란 가슴 솥뚜껑 보고 놀란다

자라 보고 놀란 가슴 솥뚜껑 보고 놀란다

어떤 것에 몹시 놀란 사람은 그것과 비슷한 사물만 봐도 겁을 먹는다는 속담입니다. 어떤 것에 한번 혼이 나면 그와 비슷한 것만 봐도 지레 겁을 먹게 될 때 '**자라 보고 놀란 가슴 솥뚜껑 보고 놀란다**'고 말합니다.

 소리 내어 읽고, 또박또박 반듯하게 따라 써 보세요.

자라 보고 놀란 가슴 솥뚜껑 보고 놀란다

 표현력 향상을 위한 **글쓰기** 연습

정말 실감나게 들은 무서운 이야기를 해 주세요.

년　월　일　내 사인

35 작은 고추가 맵다

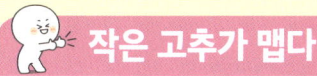 **작은 고추가 맵다**

'작은 고추가 맵다'는 사람이나 사물을 겉만 보고 판단하지 말라는 뜻을 갖고 있습니다. 세상에는 키가 작았지만 동학 농민 운동의 지도자가 된 녹두 장군 전봉준처럼 몸집이 작아도 야무지고 똑똑한 사람들이 있어요. 이처럼 보기에는 작은 사람이 큰 사람보다 재주가 뛰어나고 영리할 때 **'작은 고추가 맵다'**는 속담을 사용합니다.

 소리 내어 읽고, 또박또박 반듯하게 따라 써 보세요.

작은 고추가 맵다
작은 고추가 맵다

 표현력 향상을 위한 **글쓰기** 연습

내가 갖고 있는 물건 중에 크기는 작지만 성능이 아주 좋은 물건을 소개해 주세요. (예: 지우개밥을 아주 잘 먹어 버리는 청소기)

____ 년 ____ 월 ____ 일   내 사인 Sign ____

# 쥐구멍에도 볕 들 날 있다

쥐구멍에도 볕 들 날 있다

힘들고 어려운 처지의 사람에게도 좋은 날은 옵니다. 몹시 고생을 하는 삶도 좋은 때를 만날 날이 있다는 속담입니다.

 소리 내어 읽고, 또박또박 반듯하게 따라 써 보세요.

쥐구멍에도 볕 들 날 있다

쥐구멍에도 볕 들 날 있다

 표현력 향상을 위한 **글쓰기** 연습

10여 년 후 대학생 또는 사회인이 된 미래의 나는 어떤 모습이면 좋을지 상상해 써 보세요.

　　　년　　　월　　　일　　내 사인 Sign

지렁이도 밟으면 꿈틀한다

 **지렁이도 밟으면 꿈틀한다**

약하고 힘없는 사람이라도 너무 업신여기면 가만있지 않는다는 뜻이에요. 또한 아무리 순하고 좋은 사람이라도 함부로 하면 잠자코 있지 않는다는 뜻도 함께 갖고 있습니다.

 소리 내어 읽고, 또박또박 반듯하게 따라 써 보세요.

지렁이도 밟으면 꿈틀한다

 표현력 향상을 위한 **글쓰기** 연습

우리는 주변에서 흙과 친한 동물 지렁이, 개미, 쥐며느리 등을 자주 봅니다. 유심히 관찰해 보세요.
이 작은 동물이 나에게 뭐라고 하나요? 상상해 써 보세요.

년 월 일   내 사인 Sign

38 티끌 모아 태산

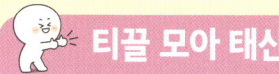 **티끌 모아 태산**

아무리 작은 것이라도 모이고 모이면 나중에 큰 것이 되는 것을 보고 **'티끌 모아 태산'**이라고 합니다. 작은 물건이라도 조금씩 쌓이면 나중에는 큰 덩어리가 된다는 의미이지요.

 소리 내어 읽고, 또박또박 반듯하게 따라 써 보세요.

티끌 모아 태산

티끌 모아 태산

 표현력 향상을 위한 **글쓰기** 연습

오랜 기간 모으고 있는 것이 있나요? 어떤 것을 왜 모으게 됐는지 알려 주세요. 없다면 앞으로 어떤 것을 모으고 싶은지 계획을 써 주세요.

( ) 년 ( ) 월 ( ) 일   내 사인 Sign

39 하늘이 무너져도 솟아날 구멍이 있다

하늘이 무너져도 솟아날 구멍이 있다

절망적일 때 또는 막막할 때라도 살아갈 방도가 생길 거라는 희망을 주는 속담입니다. 아무리 어려운 경우에 부딪혀도 포기하지 말고 희망을 갖습니다. '하늘이 무너져도 솟아날 구멍이 있다'는 말처럼 방법이 생길 것입니다.

 소리 내어 읽고, 또박또박 반듯하게 따라 써 보세요.

하늘이 무너져도 솟아날 구멍이 있다

하늘이 무너져도 솟아날 구멍이 있다

 표현력 향상을 위한 **글쓰기** 연습

나는 오늘 우산을 준비하지 않았어요. 그런데 갑자기 하늘이 컴컴해지고 날씨가 바뀝니다. 나는 어떻게 할 것인가요?

갑자기 **소나기**가 온다면

갑자기 **함박눈**이 온다면

년　월　일　내 사인 Sign

호랑이에게 물려 가도 정신만 차리면 산다

호랑이에게 물려 가도 정신만 차리면 산다

아무리 위급한 일이 발생해도 정신만 똑바로 차리면 위기를 벗어날 수 있다는 속담입니다. 예를 들면 화재 또는 지진 등이 일어나도 배운 대로 침착하게 대처하면 살 수 있어요. 또 어떤 상황에서는 임기응변으로 형편에 맞게 일을 처리할 때 이 속담이 쓰입니다.

 소리 내어 읽고, 또박또박 반듯하게 따라 써 보세요.

호랑이에게 물려 가도 정신만 차리면 산다

 표현력 향상을 위한 **글쓰기** 연습

명량해전에서 이순신 장군은 배 12척으로 왜군의 130척이 넘는 배와 싸워야 했습니다. 이때 이순신 장군은 병사들에게 "호랑이에게 물려 가도 정신만 차리면 산다고 했다! 위급한 상황일수록 정신 바짝 차리고 모두 나를 따르라!" 하며 출전 명령을 내렸습니다. 이후 명량해전에서는 어떤 일이 벌어졌을까요? 이어서 이야기를 써 주세요.

년 월 일 내 사인 Sign

쉬어가는 속담 테스트

1 네모 칸에 들어갈 단어의 초성 힌트가 있습니다. 속담을 완성해 보세요.

우물 안 ㄱㄱㄹ

ㅈㄱㅁ 에도 ㅂ 들 날 있다

ㅈㄹㅇ 도 밟으면 ㄲㅌ 한다

ㅌㄲ 모아 태산

정답은 **101**쪽에 있습니다.

2 속담과 알맞은 뜻풀이를 연결하세요.

속담	뜻풀이
자라 보고 놀란 가슴 솥뚜껑 보고 놀란다	절망적일 때 또는 막막할 때라도 살아갈 방도가 생길 것이다.
하늘이 무너져도 솟아날 구멍이 있다	어떤 것에 몹시 놀란 사람은 그것과 비슷한 사물만 봐도 겁을 먹는다.
입이 열 개라도 할 말이 없다	싫지만 선택할 여지가 없어 마지못해 하는 행위
호랑이에게 물려 가도 정신만 차리면 산다	사람이나 사물을 겉만 보고 판단하지 말아라.
울며 겨자 먹기	잘못이 명백히 드러나 변명의 여지가 없다.
작은 고추가 맵다	아무리 위급한 일이 발생해도 정신만 똑바로 차리면 위기를 벗어날 수 있다.

쉬어가는 속담 테스트 정답

32~33

1 네모 칸에 들어갈 단어의 초성 힌트가 있습니다. 속담을 완성해 보세요.

고생 끝에 낙이 온다

가랑비에 옷 젖는 줄 모른다

귀에 걸면 귀걸이
코에 걸면 코걸이

고래 싸움에 새우 등 터진다

2 속담과 알맞은 뜻풀이를 연결하세요.

- 고양이 목에 방울 달기 — 현실적으로 불가능한 일을 공연히 논의하는 것
- 간에 붙었다 쓸개에 붙었다 한다 — 자신에게 조금이라도 이익이 되면 지조 없이 여기 붙었다 저기 붙었다 하는 행동
- 개구리 올챙이 적 생각 못 한다 — 어렵고 못난 시절을 기억 못 하고 행동을 함부로 하는 것
- 공든 탑이 무너지랴 — 정성을 다하여 한 일은 그 결과가 반드시 헛되지 않는다.
- 굼벵이도 구르는 재주가 있다 — 잘할 수 있는 것이 다를 뿐 저마다 특별한 재주 한 가지씩은 가지고 있다.
- 가는 말이 고와야 오는 말이 곱다 — 내가 남에게 잘해야 남도 나에게 잘한다.

54~55

1 네모 칸에 들어갈 단어의 초성 힌트가 있습니다. 속담을 완성해 보세요.

낮 말은 새가 듣고 밤 말은 쥐가 듣는다

등잔 밑이 어둡다

금강산도 식후경

꿩 먹고 알 먹기

2 속담과 알맞은 뜻풀이를 연결하세요.

- 남의 잔치에 감 놓아라 배 놓아라 한다 — 이러쿵저러쿵하며 말을 걸어 자기와 상관없는 일에 간섭하고 참견하는 것
- 도둑이 제 발 저리다 — 잘못한 것이 있으면 누가 뭐라고 하지 않았는데도 마음이 조마조마하게 된다.
- 말이 씨가 된다 — 언제나 하던 말이 마침내 사실대로 이루어졌을 때
- 땅 짚고 헤엄치기 — 너무나 쉬운 일
- 못 먹는 감 찔러나 본다 — 자기가 차지하지 못할 바에는 차라리 심술을 부려 못 쓰게 만든다는 뜻
- 까마귀 날자 배 떨어진다 — 어떤 일을 할때 공교롭게도 그 때가 같아 어떤 관계가 있는 것처럼 의심을 받게 될 때

정답은 100쪽에 있습니다.

쉬어가는 속담 테스트

정답은 101쪽에 있습니다.

1 네모 칸에 들어갈 단어의 초성 힌트가 있습니다. 속담을 완성해 보세요.

믿는 [도][끼]에 [발][등] 찍힌다

[백][지][장] 도 맞들면 낫다

[불] 난 집에 [부][채][질] 한다

[소] 잃고 [외][양][간] 고친다

2 속담과 알맞은 뜻풀이를 연결하세요.

속담	뜻풀이
서당 개 삼 년이면 풍월을 읊는다	값싸게 산 물건은 품질이 좋지 않다는 뜻
소귀에 경 읽기	사람의 성격이 빈틈이 없거나 융통성이 없을 때
싼 것이 비지떡	한 분야에 오래 있으면 어느 정도 지식과 경험을 가질 수 있다.
아니 땐 굴뚝에 연기 날까	어떤 결과가 있으면 원인이 반드시 있다.
어물전 망신은 꼴뚜기가 시킨다	아무리 가르치고 알려 줘도 말귀를 잘 알아듣지 못한다.
바늘로 찔러도 피 한 방울 안 난다	어리석은 사람 한 명이 주변의 다른 사람들까지 망신시킨다.

쉬어가는 속담 테스트

정답은 101쪽에 있습니다.

1 네모칸에 들어갈 단어의 초성 힌트가 있습니다. 속담을 완성해 보세요.

우물 안 [개][구][리]

[쥐][구][멍] 에도 [볕] 들 날 있다

[지][렁][이] 도 밟으면 [꿈][틀] 한다

[티][끌] 모아 태산

2 속담과 알맞은 뜻풀이를 연결하세요.

속담	뜻풀이
자라 보고 놀란 가슴 솥뚜껑 보고 놀란다	절망적일 때 또는 막막할 때라도 살아갈 방도가 생길 것이다.
하늘이 무너져도 솟아날 구멍이 있다	어떤 것에 몹시 놀란 사람은 그것과 비슷한 사물만 봐도 겁을 먹는다.
입이 열 개라도 할 말이 없다	싫지만 선택할 여지가 없어 마지못해 하는 행위
호랑이에게 물려 가도 정신만 차리면 산다	사람이나 사물을 겉만 보고 판단하지 말아라.
울며 겨자 먹기	잘못이 명백히 드러나 변명의 여지가 없다.
작은 고추가 맵다	아무리 위급한 일이 발생해도 정신만 똑바로 차리면 위기를 벗어날 수 있다.

**초등학교 교과서 등에 실린
아름다운 우리말로 쓴 동시**

권태응, 김소월, 방정환, 서덕출, 윤동주 님의 곱디고운 동시 55편을 따라 쓰다 보면 우리 친구들의 상상력과 어휘력이 훨씬 풍부해질 거예요.

바른 손글씨 동시 쓰기 55
큰그림 편집부 / 128쪽 / 8,500원

**초등학교 교과서 등에 실린
아름다운 우리말로 쓴 동시**

순수하고 맑은 어린이의 마음을 글로 표현한 동시와 동요는 유쾌함과 재미 그리고 감동을 줍니다. 순수한 동심을 표현한 강소천, 박목월, 권정생, 최계락 외 16명의 동시와 동요 45편을 반듯한 글씨체로 따라 쓰기 연습할 수 있습니다.

바른 손글씨 동시 쓰기 45
큰그림 편집부 / 120쪽 / 8,500원

직업체험
페이퍼 크래프트

큰그림 편집부 지음 | 값 12,000원

① 요리하는 1인 크리에이터
② 빵 만드는 파티셰
③ 동물병원의 수의사
④ 미용실의 헤어디자이너
⑤ 카페의 바리스타
⑥ 재택근무 하는 프리랜서

직업체험
페이퍼 크래프트 2탄

큰그림 편집부 지음 | 값 12,800원

① 경찰관 모자
② 경찰서와 경찰차
③ 소방관과 소방차
④ 응급 구조사와 구급차
⑤ 항공 교통 관제사
⑥ 항공기 조종사와 승무원
⑦ 공항 보안 검색원
⑧ 항공 정비사

숨은그림찾기 + 다른그림찾기 + 색칠하기

생동감 넘치는 그림 작가 김현정의 우리나라 축제 365 숨은그림찾기!
정월 대보름, 경주 벚꽃 축제, 화천 산천어 축제 등 **우리나라 축제**에는 숨은그림찾기가 있고, **세계 축제**에는 다른 그림 찾기가 있습니다.

숨은그림찾기 축제 365

김현정 그림 | 값 12,500원

속편한 편의점의
속담 이야기 ❶

초판 발행 · 2023년 9월 1일

지은이 큰그림 편집부
그 림 유선영
펴낸이 이강실
펴낸곳 도서출판 큰그림
등 록 제2018-000090호
주 소 서울시 마포구 양화로 133 서교타워 1703호
전 화 02-849-5069
팩 스 02-6004-5970
이메일 big_picture_41@naver.com

교정교열 김선미
디자인 예다움
인쇄와 제본 미래피앤피

가격 9,500원
ISBN 979-11-90976-24-4 (77710)

- 잘못된 책은 구입한 서점에서 바꿔 드립니다.
- 이 책의 저작권은 도서출판 큰그림에 있으므로 실린 글과 그림을 무단으로 복사, 복제, 배포하는 것은 저작권자의 권리를 침해하는 것입니다.